Observemos las rocas

por Elizabeth Moore

Tabla de contenidos

Consultora:
Adria F. Klein, Ph.D.
California State University, San Bernardino

capstone classroom
Heinemann Raintree • Red Brick Learning
division of Capstone

Rocas en todas partes

Hay rocas en todas partes.
Puedes ver rocas en el parque.
Observemos las rocas de cerca.

Hay rocas en los ríos y en los lagos.

La Tierra está cubierta de rocas.
Las montañas están hechas de rocas.

Algunas playas tienen rocas pequeñas.
Otras playas tienen arena.
La arena también es una roca.

La historia de la Tierra

Las rocas nos cuentan la historia de la Tierra. Muestran donde el agua las ha desgastado.

Las líneas de color que se ven en la roca indican cómo ha cambiado la Tierra con el paso del tiempo.

La lluvia, el viento y el hielo han hecho este arco de rocas.

El clima frío y cálido hizo que las rocas se unieran.

Algunas rocas tienen restos
de animales y de plantas.
Esos se llaman fósiles.

Mirando los fósiles, podemos saber cuándo vivieron estas plantas y estos animales.

El uso de las rocas

Las personas usan las rocas. Construyen casas de roca. Las rocas trituradas se usan para hacer caminos, túneles, puentes, aeropuertos y estacionamientos.

Las personas usan rocas para hacer estatuas y para decorar edificios.

Las piedras que se usan para hacer alhajas se pueden encontrar en todo el mundo. Los reyes y las reinas llevan piedras en sus alhajas.

Las rocas se usan hasta en la escuela. El grafito es una roca. Es la parte del lápiz con la que se escribe.

Las rocas son interesantes.

¡Tómate el tiempo para observarlas!